La manière dont le jeune Poirot fit sa première communion dit assez haut quelle précaution on prenait pour qu'il ne fût pas privé trop longtemps de ce qui fait la nourriture des forts ; il fallait en effet des forces et du courage en ces jours de tristesse, où des insensés avaient résolu d'en finir avec Dieu. Mais ces fidèles serviteurs avaient de tout autres sentiments : ils savaient que les portes de l'enfer ne peuvent pas prévaloir contre le colosse qu'on attaquait et ils n'avaient qu'à s'écrier avec le prophète royal :

« Dieu est notre refuge et notre force : il a été notre recours dans les maux extrêmes qui sont venus fondre sur nous.

» C'est pourquoi nous ne craindrons rien, quand même la terre s'écroulerait sous nos pieds ; quand les montagnes seraient transportées au milieu de la mer.

» Les vagues de la mer se sont élevées avec un bruit horrible : la violence de ses flots a ébranlé les montagnes.

» Mais le fleuve qui coule dans la cité de Dieu, la remplit de joie : le Très-Haut a sanctifié son tabernacle.

» Dieu est au milieu de cette cité sainte ; elle ne sera point ébranlée : Dieu la secourera dès l'aube du jour.

» Les nations ont été dans le trouble, et les royaumes près de leur ruine : Dieu a fait entendre sa voix, et la terre a été ébranlée.

» Mais le Seigneur des armées est avec nous, le Dieu de Jacob est notre protecteur.

» Venez et considérez les ouvrages du Seigneur ; voyez les prodiges qu'il a opérés sur la terre : il fait cesser la guerre dans tout l'univers.

» Il brise les fers ; il rompt les lances ; il réduit les boucliers en cendres.

» Vivez en paix, et reconnaissez que je suis Dieu ; je serai glorifié parmi les nations, je serai glorifié dans tout l'univers.

» Le Seigneur des armées est avec nous : le Dieu de Jacob est notre protecteur. » (Psaume XLV.)

Ce fut dans un faux-grenier que le jeune Poirot reçut son Dieu pour la première fois des mains d'un excellent religieux de la Compagnie de Jésus, le P. Munier. Quelle privation pour ce jeune communiant de ne point être réuni comme on a coutume dans un temple saint, où la décoration répond à la solennité du jour et signale combien plus splendide est celle du temple intérieur qui doit loger le Dieu des armées, c'est-à-dire, quelle pureté est nécessaire à l'âme qui va recevoir un tel hôte !

Il se manquait deux mois que Pierre-François n'ait onze ans révolus quand il fit sa première communion, c'était le 5 mai 1796 ; mais il avait un jugement plus parfait que bien d'autres à 25 ans. La suite de sa vie annonce assez les dispositions qu'il eut en ce beau jour, car la vertu dépend pour beaucoup d'une bonne première communion ; une mauvaise, rend de glace pendant tout le reste de l'existence.

La révolution du dernier siècle, qui fut si sanguinaire et qui dévora tant de victimes, en trouva une dans la famille de celui dont j'écris la vie. Un de ses oncles eut l'insigne honneur d'être du nombre des déportés de Rochefort et y mourut. Quelle insigne gloire en effet d'occuper un rang dans cette légion empourprée qui partit alors de la vieille Lorraine pour le ciel !

Le département de la Meurthe compte 52 déportés, 38 moururent en 1794, sur le vaisseau des Deux-Associés, ce sont : Antoine, cordelier ; Barthélemy, chartreux ; Brunel, trappiste ; Chivresson, chanoine régulier ; Claude, prébendé ; Collin, cordelier ; Courvoisier, bénédictin ; Desbrochers, chartreux ; Drand, chanoine régulier ; Dubois, capucin ; Dujonquoi, trappiste ; François, capucin ; Gagnot, carme ; Georgin, secrétaire de l'évêché de Nancy ; Grandeury, capucin ; Grandmaïre, tiercelin ; Grimond, chanoine ; Guérin, tiercelin ; Guillaume, frère des écoles chrétiennes ; Henry, prébendé ; Heyberger, cordelier ; Hussenot, tiercelin ; Jacques, frère récollet ; Jeanson, capucin ; Lallemand, carme ; Lemoine, tiercelin ; Mathebs, cordelier ; Mathieu, vicaire ; Michelant, minime ; Nicolas, carme ; Opel, chanoine ; Prévost, cordelier ; Poirson, cordelier ; Rambout, chartreux ; Richard, bénédictin ; Richy, trappiste ; Sirejean, cordelier, et Thomas, dominicain. — 4 autres sont morts, savoir : Cherrier, secrétaire de l'évêché de Toulouse, né à Lunéville, déporté de la Haute-Garonne, mort de misère sur les vaisseaux de Rochefort, en 1794 ; Hanus, doyen de la Collégiale de Ligny, né à Nancy, mort sur les mêmes vaisseaux, en 1794 ; Humbert, prêtre trinitaire, né à Toul, mort de misère à Cayenne, en 1799 ; et Laporte, député de la Meurthe, mort à Cayenne, également en 1798. — 6 autres déportés à Rochefort sont morts depuis leur retour, savoir : Deschaseau, cordelier ; Donat, frère des écoles chrétiennes ; N..., frère également ; Gouyer, curé ; Munier, cordelier ; et Nicolas, prêtre séculier.

Le département compte bien d'autres victimes encore, moissonnées en divers lieux.

Collet, curé de Voinémont, fusillé à Nancy, en 1793 ; Custine père et fils, fusillés à Paris, en 1793 et 1794 ; Desilles, victime de l'insurrection de Nancy, en 1790 ; Du Châtelet, décapité à Paris, en 1793 ; Gilbert, abbé, professeur au collége de Saint-Claude à Toul, mis à mort à Metz, en 1794; Gouvion (Louis), tué à Nancy dans la rébellion militaire de 1790; Grammont, exécuté à Paris, en 1794; Guidel, prémontré à Pont-à-Mousson, massacré à Liége, en 1793; Houchard, général, décapité à Paris, en 1793; Lallemand (père), minime à Vézelise, exécuté à Paris, en 1793; Lamourette, évêque constitutionnel de Lyon, mis à mort à Paris, en 1794; Laprade (de la Valette de), capitaine, commandant le génie à Marsal, exécuté à Metz, en 1793; Latour-Dupin Gouvernet, ministre de la guerre, décapité à Paris, en 1794; Lenfant, confesseur de Louis XVI, massacré à Paris, en 1792; Laugier (comte de), exécuté à Nancy, en 1793; Lenoncourt (Madame de), décapitée à Metz, en 1793; Malvoisin (b^on de), seigneur d'Aboncourt, colonel du régiment de Dragons de Monsieur, péri dans les massacres de Paris, en 1792; Marc, bourgeois de Toul, victime dans ces mêmes massacres; Mathieu, abbé, arrêté à Vitrey et exécuté à Nancy, en 1794; Migot (de), seigneur de Ménil-la-Tour, lieutenant-colonel des Dragons de Damas, mis à mort à Paris, en 1793; Mique, architecte du roi, décapité, lui, son fils et son gendre, à Paris, en 1792; Mory d'Elvange, et son fils, exécutés à Paris, en 1794; Petitjean, de Toul, décapité à Paris, en 1794; Perrin, médecin à Pont-à-Mousson, mort dans les prisons du vandalisme, en 1797; Raigecourt (de), fusillé à Valenciennes, en 1797; Ravinel, diacre à Nancy, massacré à Paris, en 1792; Richard, dominicain de Blainville, fusillé à Mons, en 1794; Roger, de Toul, exécuté en 1804; Rutant (Mademoiselle de), décapitée à Paris, en 1794; Salle, député de Verdun, exécuté à Bordeaux, en 1794; Stainville (princesse de Monaco, fille du maréchal de), mise à mort à

Paris, en 1793 ; Thiery, exécuté à Nancy, en 1794 ; Thouvenin, lieutenant des Gendarmes de Monsieur, né à Toul, décapité à Nancy, en 1793; Thouvenin, abbé de Saint-Nicolas, fusillé en 1793 ; Vigneron (Madame de) et sa fille, mises à mort à Paris, en 1793.

C'est donc pendant ces jours de nébuleuse mémoire que le jeune Poirot croissait en vertus et sagesse en même temps qu'en âge. Sa jeunesse fut sans tache. La jeunesse est une mer orageuse où les flots impétueux des plus violentes passions agitent sans cesse une âme encore faible, lui font faire presque toujours comme à un fragile vaisseau de tristes et funestes naufrages. La jeunesse est l'écueil ordinaire de la vertu, et je ne pense pas que même parmi les plus grands saints on en trouve beaucoup dont les commencements aient été tout à fait louables aussi bien que la fin, et cependant le prêtre qui nous occupe coopéra si fidèlement à cette grâce d'innocence dont Dieu le prévint dès l'âge le plus tendre, qu'il fut vertueux aussitôt que raisonnable, et qu'il s'étudia à servir Dieu dès qu'il commença à le connaître. Il a été assez heureux pour porter le joug du Seigneur dès son enfance, pour marcher dans les voies si difficiles de la jeunesse sans que jamais on l'y vît faire des chutes, pour passer ces jours mauvais sans participer à leur malice, et un temps où règnent tous les vices sans en contracter aucun.

CHAPITRE II.

SES ÉTUDES.

Et dans des temps aussi mauvais où tout s'écroulait avec fracas, pour parler le langage de Bossuet, que devenait l'enseignement, faiblissait-il aussi? effectivement oui, ce n'est pas dans des temps d'orage que prospère la chose qui réclame le plus grand calme de l'esprit. Ne croyez pas pour cela que l'éducation du jeune Poirot resta négligée, il a une ressource que d'autres n'ont pas, un oncle, très-versé dans les langues que le neveu doit apprendre, le suivra avec précaution jusqu'à ce qu'il en saura assez pour instruire les autres.

Ce précepteur habile était M. de Lattre; il entreprit l'éducation de son neveu le 17 septembre 1797; il n'eut pas à se repentir de sa tâche, quand il vit à quelle aptitude ou facilité d'intelligence il avait à faire, et le profit qui en pourrait résulter. Que de fois, peut-être, l'élève ne s'écria-t-il pas comme Augustin : « Que tout ce que j'ai appris d'utile dans mon enfance soit consacré à votre service; si je sais parler, si je sais lire, si je sais écrire, si je sais compter, que tout cela ne soit employé que pour votre honneur et pour votre gloire! » (*Confessions*, liv. I, chap. XV.)

L'abbé Poirot eut sans doute un peu plus de peine à apprendre le latin que ce grand saint dont je cite les paroles : « Ce n'est pas, s'écrie Augustin, que la langue latine ne m'ait été aussi précieuse que la langue grecque, lorsque j'étais à la mamelle; mais en voyant moi-même ce que chaque mot signifiait, je l'ai appris, non seulement sans qu'on employât aucune rudesse, ni aucune sévérité pour m'y appliquer, mais même pas les caresses de mes nourrices, parmi les divertissements que me donnaient ceux qui prenaient plaisir à me faire rire et parmi les jeux et les passe-temps dont ils m'amusaient.

» Aussi, j'appris le latin sans y être porté par aucune

crainte, et la peine en était pressée au dedans de moi par l'envie de produire, et comme d'exploiter au dehors les pensées que j'avais conçues dans mon esprit et dans mon cœur, il ne se pouvait faire qu'à l'aide des paroles, j'apprenais à parler en entendant les autres, et formais mon langage sur le leur sans recevoir aucune instruction d'eux. Lors il paraît qu'on apprend plus aisément ces sortes de choses par une curiosité libre, volontaire et naturelle que par une impression de crainte et une violence étrangère. » (*Confessions*, liv. I, chap. XIV.)

Le 24 décembre 1802, l'évêque de Nancy, Mgr d'Osmond, administrait la Confirmation à notre jeune étudiant qui ne vit pas écouler une année depuis ce beau jour sans éprouver un grand malheur, ce fut la mort de son père, qui arriva le 9 juin 1803; il a laissé le portrait suivant de l'auteur de ses jours : « Son humeur toujours égale, des mœurs douces, un zèle rare pour obliger lui avaient concilié l'estime de tout le monde; il mourut sans laisser de fortune, parce qu'il avait vécu sans ambition et qu'une honnête médiocrité lui parut toujours préférable à une aisance acquise aux dépens de la délicatesse et de la conscience. »

La perte d'un si bon père coûta bien des larmes au jeune Poirot, mais comme il voyait tout en Dieu, il ne murmura aucunement; plein de soumission à sa volonté, il se résigna. Cette vertu fait défaut à la plupart des hommes.

Nous ne savons pas assez nous incliner sous la main de Celui qui nous a créés et qui nous a faits pour lui; loin de là, nous voudrions qu'il accomplît toutes nos volontés et satisfît tous nos caprices. Nous prétendons nous gouverner nous-mêmes, savoir ce qui nous convient mieux qu'il ne le sait lui-même, détestable folie, source d'aveuglement et de misère sans fin! Riches, nous ambitionnons d'autres richesses; pauvres, nous voulons la fortune; infirmes, nous courons après la santé; inconnus, il nous faut la gloire ou les flatteries des hommes; nous voulons tout excepté ce que nous avons, et pourtant nous sommes chrétiens, nous croyons à la vanité de ce monde, à la nécessité des souffrances! eh! comment, mon Dieu, ferions-nous quelques progrès dans le bien? Pour aimer Jésus-Christ, il faut avant tout se renoncer soi-même, et avant tout nous nous recherchons nous-mêmes; de là une désolante stérilité dans nos œuvres: nous tombons et nous n'avançons pas.

M. de Lattre mena son neveu jusqu'en philosophie.

CHAPITRE III.

IL AIDE A RESTAURER LES SCIENCES DANS LE DIOCÈSE EN FONDANT UNE ÉCOLE PARTICULIÈRE DE LATIN. — SON ENTRÉE AU LYCÉE COMME MAITRE D'ÉTUDES ET RÉGENT DE CINQUIÈME.

La science est une chose très-avantageuse quand on sait la diriger vers le bien. Mais quand quelques passions mauvaises s'inhèrent à elle, c'est le cas de dire: *la science enfle;* elle n'enfla pas le jeune Poirot. A mesure qu'il s'y avançait, il en reconnaissait l'importance et regrettait qu'elle fût alors tombée en désuétude; c'est pourquoi, dès qu'il fut à même de contribuer quelque peu à la remettre en vigueur, il le fit avec ardeur.

Un ecclésiastique du diocèse de Metz ayant résolu de fonder à Nancy une école particulière de latin, trouva dans le jeune Poirot un auxiliaire plein de dévouement. Cet ecclésiastique était l'abbé Thomas.

L'année suivante (1805), le jeune Poirot devint maître d'étude au lycée de sa ville natale et subséquemment au bout de deux ans il fut nommé professeur de cinquième. Quelques-uns de ceux qu'il enseigna alors vivent encore sans doute, c'est à eux de nous dire combien ce maître s'acquittait scrupuleusement des devoirs de sa charge ; c'est à eux de dire combien ils admirèrent dès lors les belles qualités qui n'ont cessé de caractériser sa grande âme. Heureux ceux qui ont le bonheur de rencontrer de tels professeurs ! ils ne manquent pas parmi les membres du clergé. On a crié bien haut et répété imperturbablement qu'il ne fallait par leur céder l'éducation de la jeunesse, ceux-là ignoraient certainement les avantages qui en résultent. Le jeune Poirot n'appartenait cependant pas encore à cette milice quand il enseignait, mais il était sur le point d'entrer au séminaire.

Ce fut le 15 novembre 1807 que notre professeur du lycée fit son entrée au séminaire de Nancy. Cette sainte maison, qui se relevait seulement de sa chûte, possédait d'excellents pivots dans les Michel, les Donzé et les père Amé ; le premier surtout était un de ces hommes forts et puissants qui se dévouent corps et âme aux plus grandes entreprises. Quel est l'élève de M. Michel qui ne le regrette et n'a sa mémoire en vénération? C'était un savant, ce fort d'Israël ; maintes fois, j'ai entendu un de ses élèves raconter des traits qui faisaient honneur à l'esprit et à la piété de cet illustre prêtre.

C'est donc par de tels hommes que l'abbé Poirot fut guidé dans les sentiers épineux de la théologie et des sciences spéciales au sacerdoce. Mais quelle fut la conduite que notre jeune lévite tint au séminaire? quelle fut la vie qu'il mena durant son noviciat ? pouvait-il aimer le désordre, étant à l'école de l'ordre? pouvait-il aimer le vice, étant à l'école des plus solides vertus? Non certes, on peut dire hautement sans crainte d'être démenti par ceux qui le connurent alors, qu'il fit ce qu'il admira dans ses maîtres, c'est à-dire, qu'il s'avança dans la perfection à pas de géants. Quoi de plus facile quand on le veut que la sanctification de son âme? c'est en remplissant exactement tous ses devoirs que l'on se sanctifie.

» Par où donc les Saints sont-ils devenus saints, et en quoi proprement consiste le fond de leur sainteté? demande Bourdaloue; et il répond qu'ils n'ont été saints que parce qu'ils ont rempli leurs devoirs; ils ont rempli leurs devoirs parce qu'ils étaient saints, deux choses dont l'enchaînement porte avec soi un caractère de raison et de vérité qui se fait sentir. Saints, parce qu'ils ont rempli leurs devoirs : c'est-à-dire, parce qu'ils ont su parfaitement accorder leur condition avec leur religion : mais en sorte que leur religion a toujours été la règle de leur condition, et que jamais leur condition n'a prévalu aux maximes de leur religion; saints, parce qu'ils ont rendu à chacun ce qui lui était dû; l'honneur à qui était dû l'honneur, le tribut à qui était dû le tribut, l'obéissance à ceux que Dieu leur avait donnés pour maîtres, la complaisance à ceux dont ils devaient entretenir la société, l'assistance à ceux qu'ils devaient secourir, le soin à ceux dont ils devaient répondre; à tous, la justice et la charité, parce que nous en sommes à tous redevables; saints, parce qu'ils ont honoré par leur conduite les ministères dont ils étaient chargés, les dignités dont ils étaient revêtus, les places où Dieu les avait mis, parce qu'ils ont sacrifié leur repos, leur santé, leur vie aux emplois qu'ils avaient à

***

remplir, aux travaux qu'ils avaient à soutenir, aux fatigues qu'ils devaient essuyer, aux chagrins et aux ennuis qu'il leur fallait dévorer; saints, parce qu'ils ont préféré en toutes choses la conscience à l'intérêt, la probité à la fortune, la vérité à la flatterie; parce qu'ils ont eu de la sincérité dans leurs paroles, de la droiture dans leurs actions, de l'équité dans leurs jugements, de la bonne foi dans leur commerce; saints, parce que soumis à Dieu, ils se sont tenus dans l'ordre où Dieu les voulait, sans s'élever, sans s'ingérer, sans s'inquiéter, sans se plaindre, contents de leur état, ne troublant point celui des autres, n'enviant le bonheur de personne, fidèles à leurs amis, généreux envers leurs ennemis, reconaissants des bienfaits qu'ils recevaient, patients dans les maux, oubliant les injures, supportant les faibles, car tout ce que je dis était renfermé dans l'étendue de leurs devoirs, et il leur fallait tout ce que je dis pour être saints.

» Mais j'ajoute que parce qu'ils étaient saints, ils ont rempli tous ces droits, autre principe d'une vérité incontestable. En effet, il n'y avait que la sainteté qui pût être en eux une disposition générale et efficace au parfait accomplissement de toutes ces obligations. Sans la sainteté ils auraient succombé en mille rencontres aux tentations humaines; leur probité et leur droiture en je ne sais combien de pas glissants, les auraient abandonnés; et en satisfaisant à un devoir, ils en auraient violé un autre. Mais parce qu'ils étaient saints, ils ont gardé toute la loi et rempli toute justice; parce qu'ils étaient saints, ils ont allié dans leurs personnes les choses, ce semble, les plus opposées et les plus difficiles à concilier; l'autorité avec la charité, la politique avec la sincérité, les honneurs du siècle avec l'humilité, l'application aux affaires avec la piété ; parce qu'ils étaient saints, ils ont maintenu dans le monde leurs rangs avec modestie, leurs droits avec désintéressement, leur réputation avec un vrai mépris et un entier détachement d'eux-mêmes ; parce qu'ils étaient saints, ils se sont possédés eux-mêmes, ou plutôt, ils se sont défiés d'eux-mêmes dans la prospérité ; ils ont compté sur Dieu, et ils se sont soutenus par la foi dans l'adversité. Je serais infini, si je voulais épuiser cette matière, et pousser plus loin ce détail. » (*Sermon sur la sainteté.*)

La colline fertile qui se dirige de Nancy à Pont-à-Mousson possède plusieurs habitations champêtres ; c'est dans l'une de ces demeure, à Clévent, que l'abbé Poirot passa les trois vacances qu'il eut durant son temps de séminaire ; il donnait des leçons aux fils de M. Rolland de Malleloy. C'est ainsi que ce vertueux ecclésiastique savait employer tout son temps ; il aurait été bien fâché d'en perdre la moindre parcelle dans des inutilités, bien différent de ceux qui croient que les vacances sont faites pour l'oisiveté, qu'ils ont assez travaillé toute l'année, qu'ils peuvent bien se reposer à cette époque.

CHAPITRE IV.

ORDINATION DE L'ABBÉ POIROT. — SON VICARIAT A CHATEAU-SALINS, PUIS A LA CATHÉDRALE DE NANCY. — IL EST NOMMÉ CURÉ DE CHATEAU-SALINS.

Ce n'était pas un jeune homme comme l'abbé Poirot, que l'ambition pouvait faire cheminer vers le sacerdoce. Qui aurait pu lui ingérer ce vice? était-ce ce qu'il avait vu? Non, certes, de sa souvenance les ministres du Christ n'avaient eu en partage que des tortures et des mépris. Ce ne pouvait donc être autre chose que l'amour du sacrifice qui dominait ce jeune homme et le conduisait à la prêtrise.

L'abbé Poirot fut tonsuré et minoré le 2 avril 1808. Le 17 juin 1810, il fut promu au sous-diaconat. Le 6 avril 1811, au diaconat. Le 8 du même mois de la même année, l'ancien évêque de Quimper, Mgr. Claude-André, l'ordonna prêtre. Il ne fit point ce pas redoutable sans avoir attentivement scruté les secrets divins, afin de voir s'il y était appelé. Fidèle à ces paroles du pieux saint Bernard : « Examinez bien votre vocation : nul n'oserait entrer dans les affaires d'un roi, sans y être appelé par lui. » (S. Bernard, *de Conv. a Cles.*, cap. 27.) Et saint Cyprien : « Y aura-t-il donc quelqu'un qui ait assez de témérité sacrilége et de conscience criminelle pour songer à être prêtre, sans la volonté divine. » (*Ep.* 53 *ad Cor.*) « Ceux qui s'ingèrent et s'introduisent hardiment dans le ministère sacerdotal sont les plus malheureux, les plus misérables de tous les hommes, et deviennent très-funestes à l'Eglise de Dieu. (III *Cat. Rom., de Od.*, p. 2, cap. 7.) » Puis comme ces orgueilleux Coré, Dathan et Abiron brûlèrent dans leurs corps, ces téméraires-ci brûleront dans leurs âmes. (S. Augustin, *Serm.* 93, *de Conf.*)

L'abbé Poirot avait trop de défiance de lui-même pour s'en rapporter seulement à son jugement. Que de fois ne consulta-t-il pas les hommes experts dans ces choses ! Pour passer d'un mauvais à un bon état, il n'est pas besoin de conseil ; mais pour passer d'un bon à un meilleur état, il est besoin de temps, de conseils et de prières. « Car tout ce qui est mieux à quelqu'un en particulier, disait saint Philippe de Néri, ne l'est pas à tous en général ; à plus forte raison est-il besoin de tout cela, si l'on ne veut point se confiner dans un cloître régulier d'exacte observance, mais que l'on songe à devenir prêtre séculier, au milieu des nombreux dangers du monde. » (*Vit.*, lib. III, c. 9, n° 28.) Remarquez, avec saint Thomas, que les ordres sacrés exigent de la sainteté en quiconque veut les recevoir tandis que l'état religieux est une école et un exercice pour l'acquérir. Conséquemment, le poids des ordres doit être posé sur des murs très-solides et purifiés par la sainteté, quand le poids de l'état religieux sert à raffermir et à purifier ces mêmes murs, c'est-à-dire à purifier les hommes de l'humidité des vices. » (*Quæst.* 189, art. 1, ad 3.)

L'autorité diocésaine nomma notre nouveau prêtre au vicariat de Château-Salins. L'abbé Poirot se rendit immédiatement dans cette modeste cité. Heureux le prêtre qui le reçut! heureux les fidèles qu'il évangélisa! Ils se souviendront, ces pieux fidèles, longtemps de son passage chez eux; combien il a été regretté quand il en est sorti! Le vertueux curé de Château-Salins n'eut qu'à se louer de la conduite de son vicaire, qui n'avait d'autre volonté que la sienne, étant toujours prêt à aller où il l'envoyait. Il ne redoutait point le travail, ce jeune vicaire. « Malheur à vous, si vous embrassez le sacerdoce pour ne point travailler, pour passer tranquillement vos jours dans la mollesse! un clerc doit souvent penser qu'il est appelé non point à l'oisiveté, mais aux fatigues de la milice spirituelle. » (*C. Mediol.*, *prov.* 4, p. 3, *de Vit. et Honest.*) « La sainte Eglise n'a pas besoin de prêtres oisifs; au contraire, elle les a en horreur, parce que c'est d'eux qu'elle reçoit les coups les plus funestes. Le Concile de Trente veut que l'on n'ordonne aucun clerc, si, au jugement de l'évêque, il n'est point nécessaire ou utile à ses Eglises, et il décide, d'après le

Concile de Chalcédoine, que nul à l'avenir ne sera ordonné, s'il n'est attaché à cette Eglise, pour la nécessité ou l'utilité de laquelle on l'ordonne, afin qu'il s'exerce dans les fonctions ecclésiastiques. S'énerver dans l'oisiveté, croupir dans la paresse, ce n'est pas autre chose qu'étouffer la vertu, nourrir le vice et se frayer une route à l'enfer. » (*Petr. Bles.*, Ep. 9, *ad laul. lit. des.*)

L'abbé Poirot était encore attaché au vicariat de Château-Salins, quand on lui confia l'administration des paroisses de Coutures et d'Amelécourt. Il administrait simultanément tout cela sans que l'une ou l'autre pâtît des nombreux travaux du pasteur. Au bout de trois années, l'abbé Poirot fut appelé à Nancy en qualité de vicaire de la Cathédrale. Ce ne fut point l'éclat du nouveau poste qui porta ce jeune prêtre à accepter l'offre, mais la vertu d'obéissance; il sut toujours obéir. « L'obéissance ne raisonne pas, ne discute pas, écrivait Mgr. de Quélen ; elle ne craint rien autre chose que de ne pas obéir, que de ne pas se montrer parfaitement obéissante. » (*Esprit de Mgr. Hyacinthe-Louis de Quélen.*)

Mais que touchants durent être les adieux de l'abbé Poirot aux habitants de Château-Salins, et que ceux-ci durent être affligés de son départ! ils ne s'attendaient sans doute pas à le revoir sitôt et à l'avoir pour curé Les regrets du vicaire n'étaient pas moins vifs que ceux des paroissiens, nous en avons la certitude, par les notes que M. Poirot a laissées : « Il m'en a coûté beaucoup, dit-il, de quitter Château-Salins, surtout pour venir occuper à Nancy un poste que je redoutais. Je n'ai eu cependant qu'à m'applaudir de mon obéissance à la voix de mes supérieurs. J'ai trouvé dans le respectable M. Charlot un véritable ami, et dans la paroisse toutes les satisfactions que l'on peut attendre dans l'exercice du ministère ecclésiastique, au milieu de personnes qui vous sont sincèrement attachées. De plus Mgr. d'Osmond et MM. les grands-vicaires voulaient bien m'honorer de leur affection toute particulière. »

Et voilà qu'en 1822, la mort, l'inexorable mort, étend ses crêpes lugubres sur la ville de Château-Salins ; elle ravit à ses paroissiens le vénérable abbé Suisse, curé de cette ville. Comment remplacer ce digne prêtre? il a lui-même choisi celui qui était capable de lui succéder, car la séparation ne lui fit pas oublier l'abbé Poirot; les paroissiens ne demandaient pas mieux que d'avoir leur ancien vicaire, ils firent des demandes pour l'obtenir. Le chapitre suivant vous fera connaître si elles furent vaines.

CHAPITRE V.

L'ABBÉ POIROT ACCEPTE LA CURE DE CHATEAU-SALINS. — IL Y ÉTABLIT DES SOEURS DE LA DOCTRINE CHRÉTIENNE. — IL EST NOMMÉ VICAIRE-GÉNÉRAL.

Quel fardeau redoutable que l'administration d'une paroisse, en des temps aussi mauvais que ceux de notre siècle, où l'humanité est presque totalement matérialisée ! Il y a beaucoup à faire pour ceux qui sont chargés du soin des âmes. Prêtres zélés, vénérables pasteurs, ouvriers infatigables, ne cessez de dispenser avec prudence les biens du Seigneur, de gouverner avec désintéressement et avec soin le troupeau que vous avez en garde, d'arroser de vos sueurs la vigne chérie du Dieu des armées.

Telle fut la conduite de M. l'abbé Poirot dans toute sa carrière pastorale.

L'évêque de Nancy ne put refuser l'abbé Poirot aux prières que lui adressèrent les habitants de Château-Salins ; mais le jeune prêtre agréera-t-il sa nomination à cette cure ? Il a contracté d'autres attachements : on l'aime à Nancy, et lui aussi aimait les ouailles. Mais, comme il ne sait qu'obéir, il rompra tout, et s'éloignera de nouveau de sa famille, des paroissiens et de sa ville natale. Il pouvait rester. C'est lui-même qui l'apprend. On lit sur ses tablettes :

« Monseigneur m'avait laissé libre, et j'ai eu mille peines à me décider entre deux attachements également chers à mon cœur ; je n'ai donné la préférence à Château-Salins que, parce que, tout bien médité devant Dieu, j'ai cru qu'il m'y envoyait. »

Ce bon prêtre n'eut pas à se repentir de cette résolution ; les âmes qu'il cultiva furent nombreuses ; il y en eut toujours quelques-unes qui restèrent sourdes à sa voix paternelle, s'avançant de plus en plus dans les sentiers tortueux du crime, se disant : J'ai péché, que m'en est-il arrivé ? Dieu reste bien indifférent à ma conduite ; il ne me dit rien. Bossuet pensait autrement quand il écrivait ce passage d'un sermon sublime :

« Ne prenons pas son silence pour un aveu, ni sa patience pour un pardon, ni sa longue dissimulation pour un oubli, ni sa bonté pour une faiblesse. Il attend parce qu'il est miséricordieux ; et si l'on méprise ses miséricordes, souvent il attend encore et ne presse pas sa vengeance, parce qu'il sait que ses moyens sont inévitables. Comme un roi, qui sent son trône affermi et sa puissance établie, apprend qu'il se machine dans son Etat des pratiques contre son service, de secrets desseins de révolte ; car il est mal aisé de tromper un roi qui a les yeux ouverts et qui veille ; il pourrait étouffer, dans sa naissance, cette cabale découverte ; mais, assuré de lui-même et de sa propre puissance, il est bien aise de voir jusqu'où iront les téméraires complots de ses sujets infidèles, et ne précipite pas sa juste vengeance jusqu'à ce qu'ils soient parvenus au terme fatal où il a résolu de les arrêter. Ainsi, et à plus forte raison, ce Dieu tout-puissant qui, du centre de son éternité, développe tout l'ordre des siècles, et qui, sage dispensateur des temps, a fait la destination de tous les moments devant l'origine des choses, n'a rien à précipiter. Ceux-là se hâtent et se précipitent, dont les conseils sont dominés par la rapidité des occasions et emportés par la fortune. Il n'en est pas ainsi du Tout-Puissant : les pécheurs sont sous ses yeux et sous sa main; il sait le temps qu'il leur a donné pour se repentir, et celui où il les attend pour les confondre. Cependant, qu'ils mêlent le ciel et la terre pour se cacher, s'ils pouvaient, dans la confusion de toutes choses; que ces femmes infidèles et ces hommes corrompus et corrupteurs se couvrent eux-mêmes, s'ils peuvent, de toutes les ombres de la nuit; que ceux qui s'entendent si bien pour conspirer à leur perte, enveloppent leurs intelligences déshonnêtes dans l'obscurité d'une intrigue impénétrable, ils seront découverts au jour arrêté; leur cause sera portée devant le tribunal de Jésus-Christ, où leur conviction ne pourra être éludée par aucune excuse, ni leur peine retardée par aucunes plaintes. » *(Sermon sur la nécessité de travailler à son salut.)*

Que de pages il nous faudrait pour raconter tout le bien que M. le curé de Château-Salins fit durant les treize ans qu'il y resta! Il est certains faits que nous ne pouvons passer sous silence : il appela d'excellentes religieuses dans la localité, en s'imposant des sacrifices dont il s'est ressenti presque jusqu'à son trépas. Il ne calcula point avec ses moyens; il s'agissait du bien, alors rien n'était trop onéreux.

De curé cantonal, M. l'abbé Poirot devint grand-vicaire. Mgr Donnet sut apprécier bien vite les vertus et la sagesse du curé de Château-Salins. Ce ne fut point l'appât de cette nouvelle dignité qui lui fit de rechef abandonner des âmes qu'il savait lui être extrêmement attachées; ce fut le bien qui pouvait résulter de cette charge qui le fit obtempérer aux instances de Mgr Donnet. Ce fut en 1837 qu'il entra en fonctions pour l'administration du diocèse. C'est ici une tâche pénible à remplir; beaucoup la convoitent, peut-être, mais ils ne la comprennent pas; ils n'en voient qu'une face et la plus rayonnante. Qui pourrait se plaindre des actes de M. l'abbé Poirot durant son vicariat? Qui n'a admiré sa prudence, sa bonté, son indulgence, en même temps que sa fermeté. Un excellent prêtre me disait dernièrement : « On l'aimait bien lors qu'il était grand-vicaire. » Il ne peut en être autrement, quand quelqu'un n'agit que selon la justice. Ce qui charmait surtout en lui, c'était la douceur et la droiture.

Saint François de Sales disait que l'on prend plus de mouches avec une cuillerée de miel qu'avec cent barils de vinaigre. Comme on lui objectait que, suivant l'Apôtre, il faut insister à temps et à contre-temps, il répondit que la force de cette leçon apostolique se trouve dans les deux mots qui suivent : « En toute patience et doctrine. » La doctrine, c'est la vérité; mais il faut la présenter avec patience, en souffrant qu'elle soit rejetée et battue par les contradictions, comme celle du Christ : « Cherchez en tout la gloire de Dieu; si vous cherchez la vôtre, vous êtes un larron, » dit saint Bernard. (*Sermon 13, in Cantic.*)

CHAPITRE VI.

L'ABBÉ POIROT NOMMÉ CURÉ DE LA CATHÉDRALE. — SON ADMINISTRATION. — IL FAIT CONSTRUIRE UNE ÉGLISE AU FAUBOURG SAINT-GEORGES SOUS LE PATRONAGE DE CE SAINT. — SA MORT. — SES FUNÉRAILLES.

La gloire de Dieu absorbait tellement l'abbé Poirot, que celle des hommes ne trouvait nul endroit pour pénétrer. « Fuyons cette passion, s'écrie saint Jean Chrysostôme, avec un très-grand soin et de toutes nos forces. Eussions-nous fait une infinité de belles actions et de bonnes œuvres, le venin de la vaine gloire les gâtera toutes. Si nous avons donc en vue les louanges, recherchons celles qui viennent de Dieu. La louange des hommes, de quelque nature qu'elle soit, s'évanouit aussitôt qu'elle paraît ; et quand même elle ne s'évanouirait pas, sûrement elle ne nous procurerait aucun avantage ; d'ailleurs, souvent elle vient d'un jugement corrompu. Qu'a-t-elle de si admirable la gloire humaine : cette gloire dont jouissent les jeunes danseurs et les femmes impudiques, et les avares et les voleurs? Mais celui que Dieu loue, est admiré, non avec ces sortes de gens, mais avec les saints, savoir avec les prophètes et les apôtres, qui ont mené une vie angélique.

Si nous aimons à marcher en cortége au milieu du peuple et nous faire regarder, examinons bien ce que c'est que cela, et nous trouverons que rien n'est plus vil, ni plus méprisable. En un mot, si vous aimez la foule, attirez à vous une grande troupe d'anges, rendez-vous redoutables aux démons; par là, vous ne ferez nul cas des hommes ; par là, vous foulerez même aux pieds, comme de la fange et de la boue, tout ce qui paraît briller ; et vous reconnaîtrez clairement alors que rien n'avilit tant l'âme que l'amour de la gloire. »

Dans le cours de 1843, la Cathédrale de Nancy perdit son pasteur, l'incomparable abbé Michel, que nous avons rencontré antérieurement. Le vide qu'il laissait était immense! Quel personnage assez puissant pourrait le combler! Mgr Menjaud, dont l'œil est si perspicace, le tourna tout de suite vers son grand-vicaire : l'abbé Poirot fut choisi.

« Bientôt les paroissiens de Notre-Dame purent constater cette consolante vérité que le manteau du Prophète couvrait les épaules de son disciple, et que l'esprit du maître dirigeait les démarches de celui qui était devenu son principal héritier. C'est à vous, ô nos concitoyens, à vous tous, paroissiens de la Cathédrale, à raconter les détails de la vie pastorale de M. Poirot au milieu de vous! C'est à vous à nous retracer toute sa sollicitude pour votre salut éternel, pour le succès de vos affaires temporelles, pour l'éducation et l'instruction de vos enfants! C'est à vous à nous révéler les secrets de son industrieuse et paternelle charité pour se rendre accessible à tous, agréable à tous, utile autant que possible, à tous! » (*Espérance, Courrier de Nancy.*)

Le chiffre des paroissiens qui sont actuellement sous la houlette du curé de la Cathédrale, c'est-à-dire de M. l'abbé Poirot, dépasse de beaucoup ceux de Château-Salins; de là, plus de soucis, parce que le nombre des incrédules est indubitablement relatif. Jésus-Christ est un objet de scandale pour beaucoup. Il faut cependant être bien aveugle pour refuser de croire à une chose aussi évidente que le jour qui éclaire; il faut avoir le tact bien émoussé, il faut être bien étranger au sentiment du vrai pour ne pas reconnaître une religion dont tous les titres étincellent de réalités.

Quel modèle de confiance en Dieu que ce bon prêtre! au

milieu des maux qui l'atteignaient, il recourait à son Créateur, c'est là la vraie sagesse.

« Nous devons rechercher la consolation à nos maux, dit Pascal, non pas dans nous-mêmes, non pas dans les hommes, non pas dans tout ce qui est créé, mais dans Dieu; et la raison en est que toutes les créatures ne sont pas la première cause des accidents que nous appelons maux, mais que la Providence de Dieu en étant l'unique et véritable cause, l'arbitre et la souveraine, il est indubitable qu'il faut recourir directement à la source et remonter jusqu'à l'origine pour trouver un solide allégement; que si nous suivons ce précepte, et que nous envisagions cet événement, non pas comme un effet du hasard, non pas comme une nécessité fatale de la nature, non pas comme le jouet des éléments et des parties qui composent l'homme (car Dieu n'a pas abandonné ses élus aux caprices et au hasard), mais comme une suite indispensable, inévitable, juste, sainte, utile au bien de l'Eglise et à l'exaltation du nom et de la grandeur de Dieu, d'un arrêt de sa Providence conçu de toute éternité pour être exécuté dans la plénitude de son temps, en telle année, en tel jour, en telle heure, en tel lieu, en telle manière; et enfin, que tout ce qui est arrivé a été de tout temps presçu et préordonné en Dieu; si, dis-je, par un transport de grâce, nous considérons cet accident, non pas dans lui-même et hors de Dieu, mais hors de lui-même et dans l'intimité de la volonté de Dieu, dans la justice de son arrêt, dans l'ordre de sa Providence, qui en est la véritable cause, sans qui il ne fut pas arrivé, par qui seul il est arrivé et de la manière dont il est arrivé; nous adorerons dans un humble silence la hauteur impénétrable de ses secrets; nous vénérerons la sainteté de ses arrêts; nous bénirons la conduite de la Providence; et unissant notre volonté à celle de Dieu même, nous voudrons avec lui, en lui, et par lui, la chose qu'il a voulue en nous et pour nous de toute éternité.

» Considérons-la donc de la sorte et pratiquons cet enseignement que j'ai appris d'un grand homme dans le temps de notre plus grande affliction, qu'il n'y a de consolation qu'en la vérité seulement, il est sans doute que Socrate et Senèque n'ont rien de persuasif en cette occasion, ils ont été sous l'erreur qui a aveuglé tous les hommes dans le premier : ils ont tous pris la mort comme naturelle à l'homme, et tous les discours qu'ils ont fondés sur ce faux principe sont si futiles, qu'ils ne servent qu'à montrer par leur inutilité combien l'homme en général est faible, puisque les plus hautes productions des plus grands d'entre les hommes sont si basses et si puériles. » (*Pensées.*)

Une chose importante tracassait l'esprit du vénérable curé de la Cathédrale ; elle avait déjà beaucoup préoccupé ses deux prédécesseurs, l'abbé Charlot et l'abbé Michel. C'est qu'une partie nombreuse des paroissiens était privée des offices à cause de la longueur du trajet qu'il fallait faire pour y assister ; tous les trois avaient conçu le projet de faire construire une église au faubourg Saint-Georges : il était réservé à M. Poirot de le réaliser. Vous devinez assez l'embarras où il se mit pour une telle entreprise.

« Un temple s'est élancé de la terre vers le ciel avec autant de promptitude que de solidité ; grâce au zèle actif de l'excellent pasteur, grâce à l'affection de ses bien-aimés paroissiens et aux sympathies des personnes les plus honorables de la cité. Définitivemet arrêté en 1844, on put en bénir la pierre angulaire et d'une seule assise en poser les fondements en 1846 ; le mener au tiers de sa hautenr en

1847 ; en 1850, malgré la multiplicité et la gravité des événements survenus, en entrevoir l'achèvement comme prochain et enfin, cette année même, aujourd'hui vous en annoncer la bénédiction et l'inauguration solennelle pour le lundi, lendemain de la Dédicace des Paroisses. » (*Oraison funèbre de M. Poirot.*)

Nous lisons ailleurs :

« Les habitants des faubourgs Saint-Georges et Sainte-Catherine ont tous entre les mains l'annonce touchante que leur zélé pasteur leur fit de l'ouverture canonique de l'église bâtie par ses soins et pour leur utilité ; ils la conserveront et aussi tous ceux qui ont l'avantage d'en posséder un exemplaire, comme une relique précieuse, comme un écho fidèle de la pensée intime de cette personnification d'une sorte de trinité pastorale : Charlot, Michel et Poirot. « J'ai consacré mes soins, toute la puissance de mon zèle à vous procurer cet inépuisable bienfait, » dit-il, en cette paternelle proclamation! En effet, le bon pasteur avait sans doute dépensé le reste d'une vie laborieuse à l'érection de la maison de prières, méditée par ses prédécesseurs et dont il avait compris la nécessité.

Le mal qui l'emporta l'atteignit d'assez bonne heure, longtemps on le vit pâle, longtemps se minant, longtemps on le vit languissant ; enfin, la maladie s'aggravant, il fut obligé de garder continuellement le lit ; lui seul sait les souffrances qu'il endura dans ce moment, il ne s'effraya point quand un ami dévoué, un prêtre charitable l'avertit du danger, il avait trop de résignation pour refuser le sacrifice de son existence. Après avoir remercié celui qui avait eu la force de l'avertir, il régla ses affaires, puis ne s'entretint plus qu'avec Dieu, lui recommandant le salut de son âme.

Il ne faut pas oublier que Monseigneur l'évêque de Nancy, qui l'affectionnait tendrement, ne l'abandonna point ; il le visitait fréquemment. Qui ne se souvient de ce jour si beau et si triste tout ensemble où le digne Prélat récita publiquement à la Cathédrale les prières des agonisants pour le curé de la paroisse, puis se rendit près du moribond ? Celui-ci, sentant sur son front les lèvres du vénérable pontife, reprit des forces qu'il n'avait plus ; pour témoigner sa joie, ayant saisi la main de Mgr Menjaud, il baisa l'anneau pastoral, l'embrassa de nouveau et s'écria assez haut : « Monseigneur, vous êtes le chef et le premier représentant du clergé auquel j'ai eu l'honneur d'appartenir ; c'est à vous que je m'adresse pour demander à mes frères dans le sacerdoce pardon de ne les avoir pas mieux édifiés pendant ma vie !!!... je me recommande instamment à leurs prières et aux vôtres... je demeure plein de confiance en la miséricorde du Seigneur, dans laquelle je n'ai cessé d'espérer... » Quel cœur de rocher ne se serait attendri à de telles paroles ! Aussi l'Evêque et les prêtres qui l'entouraient ne purent retenir leurs sanglots ; le moribond leur signala par quelques mouvements de tête qu'il les reconnaissait tous et qu'il leur était obligé de l'avoir ainsi visité. Pendant la semaine qui suivit, il acheva sans doute de se purifier ici-bas, pour aller, le dimanche après, faire au ciel la fête du premier pontife toulois, qu'il avait eu toujours en grande vénération, et qu'il avait fêté ici-bas avec toute la dévotion possible. La longue agonie à laquelle il fut en proie ne put lui enlever sa raison ; car quelques instants avant son trépas il se souvint qu'il avait deux portraits au daguerréotype de sa personne ; il appela sa sœur, lui dit qu'il en destinait un à M. Vagner, qu'elle ait à le lui remettre : il savait combien cet homme était zélé pour la foi et le bien qu'il opère en tout genre.

Ce fut le 2 septembre 1853 que M. Poirot quitta cette vie passagère pour aller jouir de l'éternelle.

Le bruit de sa mort consterna tous les cœurs. Le vœu fut unanime pour que ses restes fussent déposés dans l'église de Saint-Georges, dont il était le fondateur. Comme l'usage actuel n'est plus d'inhumer dans les temples, il fallut l'autorisation du Gouvernement. Monseigneur voulut bien être lui-même l'interprète de la population nancéienne. Voici ce que le Prélat écrivit au ministre de l'intérieur :

« Monsieur le Ministre,

» Un devoir pénible à remplir se trouve imposé à ma personne et à mon clergé ; c'est celui de préparer une sépulture au respectable abbé Poirot, vicaire-général, archiprêtre et curé de la Cathédrale de Nancy. Le zèle et l'activité qu'il a déployés dans l'exercice de ses fonctions administratives et pastorales, ont abrégé pour lui une carrière qui aurait dû être plus longue, et l'on pourra dire qu'il a succombé victime de son dévouement au diocèse et à ses paroissiens.

» Mon désir particulier, Monsieur le Ministre, le vœu unanime du clergé de ma ville épiscopale, celui de la population toute entière dont il a mérité l'estime et l'affection, sont que ses restes mortels reposent dans l'église du faubourg Saint-Georges de Nancy.

» C'est parce que M. l'abbé Poirot est le fondateur de cette église à peine achevée, qu'il a consacré à son érection une partie considérable de son patrimoine ; qu'il en a suivi les travaux avec une sollicitude toute particulière ; que par testament, il destine encore soit pour l'achever définitivement, pour l'embellir et la fournir du mobilier nécessaire, soit pour y ajouter un presbytère et une maison d'école, la presque totalité de ce qui lui reste de fortune, que je vous prie de vouloir bien permettre l'inhumation de son corps dans ce nouveau sanctuaire dont il a doté une portion notable de ses ouailles, afin de lui faciliter l'accomplissement de ses devoirs religieux.

» La demande que j'ai l'honneur d'adresser à Votre Excellence, Monsieur le Ministre, est de ma part un témoignage de la haute estime que j'ai pour les vertus sacerdotales d'un prêtre qui a longtemps partagé avec moi les soins de l'administration de mon diocèse ; elle est, de la part de mon clergé, un hommage de reconnaissance et d'affection ; elle est, enfin, de la part des habitants de Nancy, un tribut de vénération pour un pasteur sur la tombe duquel ils aimeront à se réunir pour prier, pour se rappeler ses sages leçons, les répéter à leurs enfants et s'animer à les mettre en pratique.

» J'aime à espérer, Monsieur le Ministre, que vous lui ferez accueil favorable et que vous accorderez aux bons habitants de ma ville épiscopale, à mon clergé et à moi-même, la faveur qui seule peut adoucir l'amertume de notre peine et de nos regrets.

» Agréez, etc.

» ✝ ALEXIS, *évêque de Nancy et de Toul.* »

En attendant la réponse qui ne pouvait être que favorable à une telle lettre, on préparait le convoi funèbre. Nous trouvons dans le journal déjà cité les détails de cette pompe :

« Aujourd'hui 6 septembre, à neuf heures du matin, au milieu des flots de la population respectueuse et visiblement attristée, a eu lieu l'enterrement du pasteur dont la mémoire, comme celle de ses dignes prédécesseurs, restera toujours chère à ses paroissiens.

» La congrégation des demoiselles, les membres des diverses associations pieuses de la paroisse, le clergé de la ville, les membres du chapitre, précédaient le cercueil : un cortége nombreux en tête duquel on distinguait M. le maire et beaucoup de notabilités le suivaient : le deuil était conduit par M. le curé de Saint-Georges et par MM. les vicaires de la Cathédrale, auxquels s'étaient adjoints les prêtres anciens vicaires de M. Poirot, soit à Notre-Dame, soit à Château-Salins.

» La levée du corps a été faite par M. l'abbé Gridel qui, aussi, a prononcé l'éloge funèbre du défunt. Dans une courte mais chaleureuse analyse de la vie de M. Poirot, M. le vicaire-général a prouvé que sa mort a été celle d'un serviteur fidèle et prudent. Laissant de côté les vertus sociales de l'homme, il s'est attaché à le montrer surtout comme prêtre et comme pasteur, accomplissant les fonctions de son laborieux ministère avec une régularité exemplaire et un zèle dont rien ne put ralentir l'ardeur. »

M. l'abbé Mirguet, vicaire-général, a célébré l'office; Monseigneur a voulu non seulement faire l'absoute, mais accompager jusqu'au bord de la tombe le cercueil de son ancien grand-vicaire et confier lui-même les restes mortels d'un prêtre qu'il aimait, à la terre qui les conservera jusqu'à la bienheureuse résurrection.

Ils sont là justement sur la route que suivent ses anciens paroissiens de Château-Salins quand ils viennent à Nancy, ils n'ont pas à se détourner pour prier sur sa tombe; puisse cette ville ne jamais oublier celui qui l'a tant chérie dans le temps de sa vie ! Puissent les derniers neveux de ceux qu'il a administrés se souvenir de lui en passant, par un *De profundis*, en se disant : Là, dans cette église, repose un prêtre zélé qui fut jadis curé à Château-Salins, c'est lui qui a fait construire ce temple à la gloire de Dieu.

Quant à ceux de Nancy, nous n'avons pas besoin de faire des souhaits, sa mémoire ne s'effacera point de leur cœur; le temple qui le recèle fût-il destiné à disparaître du sol, qu'ils se souviendraient encore de celui qui l'a fait bâtir.

Tel fut ce prêtre vraiment parfait, ce prêtre qui du moment qu'il fut consacré au ministère des autels crut ne devoir plus s'appartenir, mais uniquement à Dieu et au prochain, toujours fidèle à ces paroles que saint Norbert, archevêque de Magdebourg, et instituteur de l'Ordre de Prémontré, adressait aux ecclésiastiques: « Prêtres de Jésus-Christ, vous n'êtes pas vous-même, parce que vous êtes un Dieu sur la terre; vous n'êtes pas à vous-même, puisque vous êtes l'époux de l'Eglise; vous n'êtes pas maître de vous-même, puisque vous êtes le serviteur de Jésus-Christ; vous n'êtes pas pour vous, parce que vous êtes l'entremetteur entre Dieu et les hommes; vous n'êtes pas fait pour vous, parce que vous êtes un pécheur; si ce n'est pas vous qui vous êtes fait, puisque vous n'êtes rien et qu'un néant ne se peut pas donner l'être, qu'êtes-vous donc, prêtre du Dieu vivant? vous n'êtes rien, et vous êtes tout; vous n'êtes rien, à ne regarder que vous-même, et vous êtes tout, si l'on considère Celui que vous représentez et au nom duquel vous agissez. »

www.ingramcontent.com/pod-product-compliance
Lightning Source LLC
LaVergne TN
LVHW020258230826
846091LV00006B/2469
* 9 7 8 2 0 1 2 3 9 8 7 9 5 *